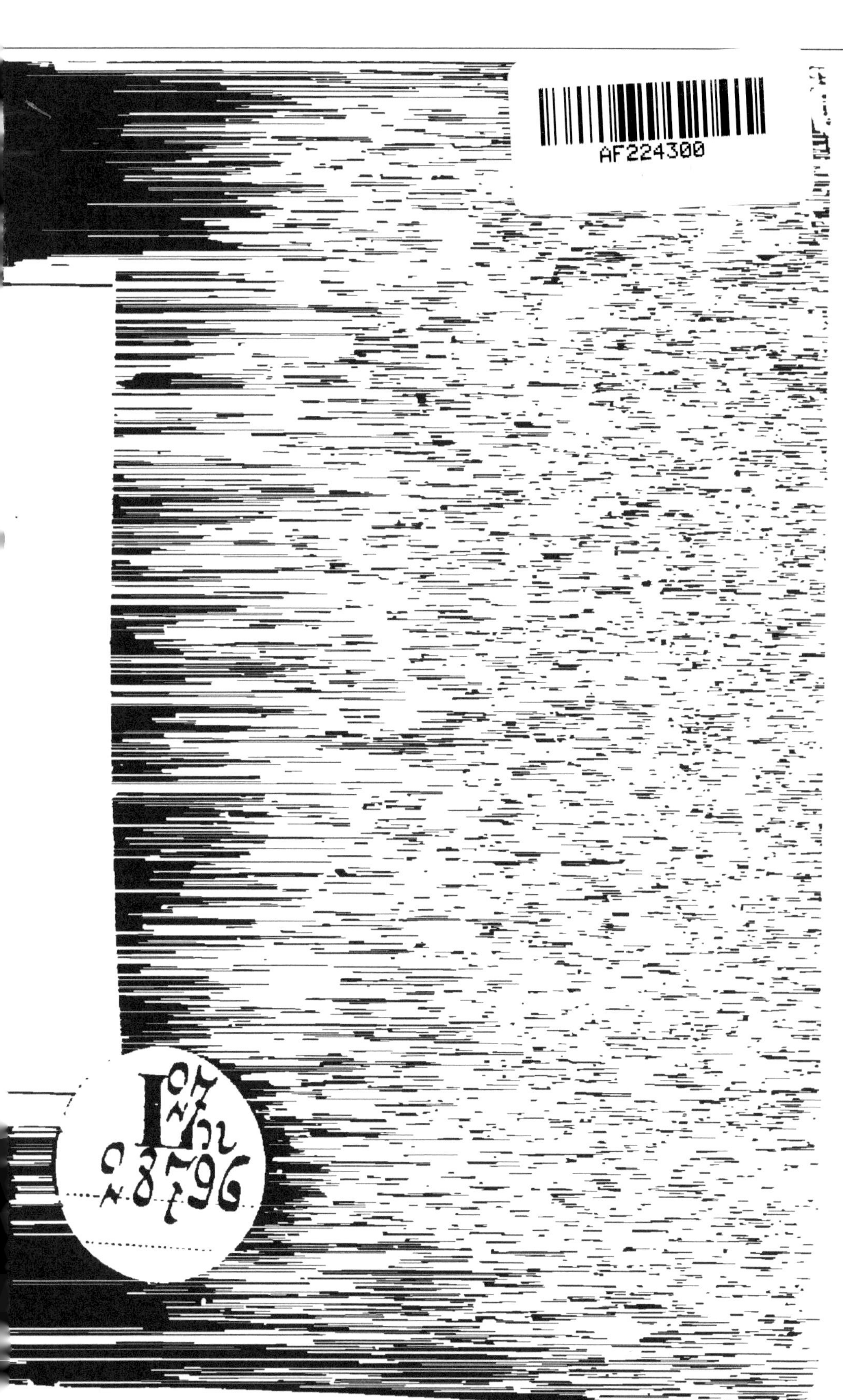
AF224300

VIE

DE SAINT LEU

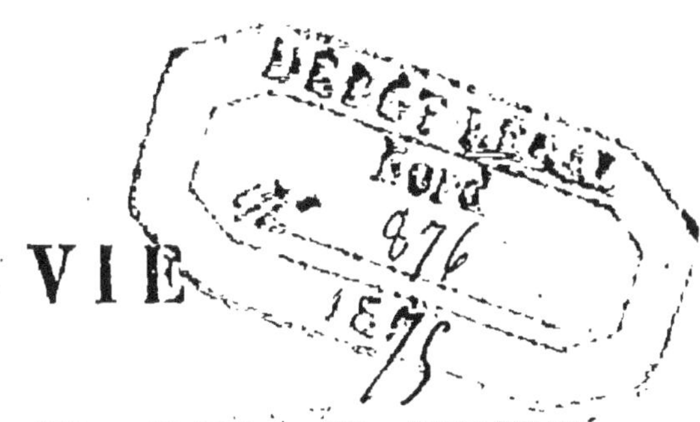

ARCHEVÊQUE DE SENS,

Patron

DE L'ÉGLISE DE CHÉRENG

LILLE,

Librairie D. GUILLOT, rue Neuve, 37.

1875.

DÉPÔT LÉGAL
Nord
876
1875

BIBLIOTHÈQUE NATIONALE
R.F.
IMPRIMES

SAINT LEU

Archevêque de Sens.

VIE
DE SAINT LEU,

PATRON

DE L'ÉGLISE DE CHÉRENG.

Dieu a choisi des saints dans toutes les parties du monde, afin que la gloire de son nom fût universelle ; que chaque peuple eût ses Apôtres et ses Prophètes ; que son Evangile fût prêché et pratiqué parmi toutes sortes de nations, et qu'il restât partout des témoignages de sa vérité, des exemples de sa sainteté, et des miracles de sa grâce.

La Flandre française, si intéressante par son industrie, son commerce et la richesse de son sol, a de tout temps été favorisée des grâces et des bienfaits particuliers du Ciel. L'attachement de ses habitants pour les Saints-Autels, en fut toujours le principal caractère. Le culte des Saints, qui sont nos amis et nos interces-

seurs auprès de Dieu, fut encore l'objet
particulier de leur vénération et de leur
faveur. Saint Laurent est révéré à Ans-
taing ; saint Ghislain, à Hellemmes; saint
Cornil, à Hem ; saint Mathieu, à Wambrechies; sainte Isbergue, à Lomme, etc.
Mais entre les Saints que l'on invoque
dans le pays, il n'en est point dont le
culte soit plus étendu, plus public et plus
soutenu que celui de saint Leu

L'Eglise de Saint-Vaast, à Chéreng, est
depuis un temps immémorial en posses-
sion d'une partie des précieuses reliques
de saint Leu, évêque de Sens. Ces reliques sont vénérées dans cette église par
un concours considérable de fidèles, qui,
tous les jours, y viennent intercéder ce
grand serviteur de Dieu, pour obtenir du
soulagement dans les langueurs, la peur
et autres afflictions qu'éprouvent les enfants, ainsi que d'autres personnes plus
avancées en âge.

La dévotion à saint Leu est très-an-
cienne ; il serait difficile d'en préciser
l'époque. Le père Martin, l'ermite, jésuite
aussi instruit que pieux, fait mention
du célèbre pélerinage de Chéreng dans

son histoire des Saints de la province de
Lille, Douai, Orchies, imprimée en 1638 ;
il y a donc 235 ans que la dévotion à
notre Saint était florissante ; elle n'a fait
qu'augmenter depuis Il serait encore difficile d'énumérer tous les lieux d'où les
fidèles viennent avec confiance invoquer
ce grand Saint. Les principaux sont :
Roubaix, Tourcoing. Watrelos, Comines,
Warnêton, Wasquehal, Mouscron, Lille,
Tournai, Lannoy, Aire-en-Artois, Péru-
welz, Antoing, Courtrai, Ypres, Mou-
veaux, Croix, Deûlémont, Wambrechies,
Lomme, Seclin, Bondues, Roncq, Esquer-
mes, etc., etc.

Ce pélerinage non interrompu des fidèles qui de toutes parts, viennent récla-
mer les secours de saint Leu dans leurs
afflictions et se mettre sous sa protection,
prouve éloquemment les faveurs signalées
que Dieu dispense en vue des mérites de
son serviteur. Que de mères consolées,
que de personnes soulagées et guéries
par l'intercession du saint Evêque ! C'est
bien ici le cas de lui appliquer ces paro-
les : *Son corps, après sa mort même, a fait
voir qu'il était un vrai prophète, il a fait*

des prodiges pendant sa vie et des mira-cles après sa mort.

Le lundi qui suit le premier Dimanche de Septembre, jour auquel on célèbre à Chéreng la fête de saint Leu, une Messe solennelle est chantée à dix heures du matin, dans la chapelle dédiée au Saint, pour les pélerins de la Confrérie.

Pieux pélerins ! pour mériter la protection de saint Leu, il faut d'abord vous adresser à J.-C., notre divin maître, et lui représenter les vertus, les travaux, les persécutions que son serviteur a endurés ici-bas pour l'amour de lui, et le conjurer ensuite par toutes les marques de son respect, de sa fidélité et de son amour, de vous accorder l'objet de votre demande.

Vous vous empresserez de lire l'abrégé de la vie du Saint écrit spécialement pour votre usage ; vous y verrez que si saint Leu est un puissant intercesseur auprès de Dieu pour vous, que s'il est au Ciel votre avocat, votre protecteur, il a été ici-bas votre modèle : vous ne pouvez l'invoquer avec plus de confiance ni l'honorer davantage qu'en imitant ses vertus.

ABRÉGÉ

DE LA

VIE DE SAINT LEU,

ARCHEVÊQUE DE SENS.

Saint Leu naquit près d'Orléans : son père s'appelait Bethon, et sa mère Austrégilde, tous deux du sang royal, et vivant conformément aux commandements de Dieu et de l'Eglise. A la naissance de saint Leu, ils eurent révélation qu'il serait un jour un très-digne prélat, et que, par son rare savoir et la sainteté de sa vie, il serait dans l'Egfise un flambeau lumineux qui éclairerait toute la France : ce qui fut cause que sa mère (contre la coutume des Princesses), le nourrit de son propre lait. Aussitôt qu'il fut en âge, elle le mit sous la conduite de maîtres sages et pieux ; il fit de notables progrès et surtout dans l'éloquence ; elle semblait lui être naturelle, tant il disait aisément et de bonne grâce. Du côté de sa mère, il avait deux oncles Evêques, l'un d'Orléans et l'autre d'Auxerre, qui, reconnaissant en lui les vertus propres d'un ministre de l'Eglise, le mirent au nombre des clercs, et ainsi lui donnèrent la tonsure. Le désir d'une plus grande perfection lui fit quitter sa patrie, vendre ses biens, distribuer l'argent aux pauvres et se retirer au désert de Lerins.

Après la mort d'Athème, le clergé et le peuple de Sens l'élurent archevêque ; et pour lui retrancher le moyen de refuser, ils firent ratifier son élection par le roi.

Le nouvel archevêque crut que sa nouvelle dignité lui imposait de plus grandes austérités, de sorte qu'il redoubla ses ferveurs et se mortifia plus âprement, jeûnant, priant et veillant plus longtemps; il était le premier aux matines et sonnait lui-même les cloches pour éveiller les chanoines, où il entendait d'ordinaire le chant mélodieux des Anges qui entonnaient le *Pater* d'une merveilleuse douceur.

Nonobstant ses héroïques vertus qui le faisaient renommer de toute part, Dieu permit qu'il fut éprouvé d'une manière étrange ; mais la calomnie ne l'empêcha pas de continuer ses œuvres.

Après la mort de Thierry, roi de Bourgogne, Clotaire, roi de France, voulant s'emparer de la ville de Sens, y envoya Bilnebaud avec une armée très-considérable, qui renversa les murailles ; saint Leu monta à l'église, pria d'une ardente ferveur, sonna la cloche en façon de tocsin, et effraya tellement l'ennemi qu'il leva le siége. Clotaire, néanmoins, fut depuis reconnu par toute la Bourgogne, et envoya, pour gouverneur de Sens, Farulphe, homme fier et avare.

Plusieurs venaient au-devant pour le saluer et lui faire des présents, saint Leu n'y voulut point aller, et aima mieux faire ses présents aux pauvres. Farulphe faisant son entrée, marcha droit à l'église où le saint l'attendait pour le recevoir : mais il ne voulut point le regarder et encore moins lui parler. Saint Leu lui dit franchement que sa dignité était d'une meilleure et plus haute qualité et perfection que la sienne, qu'il était lieutenant de Dieu, et lui du Roi, et que c'était à lui à le venir trouver. Farulphe prit cette sainte et charitable remontrance pour un affront et résolut aussitôt de s'en venger, de sorte que par des menées et calomnies que lui suggéra Magdeville, abbé de Saint-Rémi, prétendant se faire Archevêque, il fit tant près du Roi. que saint Leu fut relégué à Umenay, en Normandie, et livré entre les mains de Bosson, capitaine payen : de là, il fut transféré dans un bourg de la Morinie, où il eut la liberté de suivre l'impulsion de son zèle pour évangéliser. Il employa le temps de son exil à rallumer le flambeau de la Foi presque éteint dans ces contrées : il y réussit par l'ascendant de son éloquence, de ses vertus et de ses miracles.

Cependant ceux de Sens le réclamèrent et le roi optempérant à leurs demandes sans cesse renaissantes, rappela le Saint de l'exil. A son retour il se trouva si maigre et défiguré, que le Roi, ému de compassion, lui demanda pardon, le servit à table, et lui offrit de riches présents qu'il ne voulut pas prendre, mais il les envoya à son Église. La joie des fidèles de Sens fut extrême à son heureux retour.

Ce bon pasteur continua toujours d'instruire ses ouailles, par ses vertus, ses prédications et les miracles qu'il opéra souvent en faveur des enfants : il rendit aussi la vue aux aveugles, l'ouïe aux sourds, le marcher aux boiteux. Après tant de travaux et de saintes œuvres, Dieu lui révéla l'heure de son trépas et lui envoya une grave maladie ; il fit son testament, reçut les Sacrements, exhorta les Fidèles et s'endormit dans la paix du Seigneur. Ainsi vécut, ainsi finit saint Leu, l'un des plus beaux ornement de la France. Plaise au Ciel que les Fidèles qui viennent l'invoquer, imitent ses vertus et obtiennent la même couronne.

PRIÈRE A SAINT LEU,

Archevêque de Sens.

Seigneur, pardonnez à ceux qui nous calomnient, et ne permettez pas que, par des imprudences nous leur en donnions occasion.

1875. Lille, Imp. Six-Horemans, 3107.

BIBLIOTHÈQUE NATIONALE DE FRANCE

3 7502 01001323 5

www.ingramcontent.com/pod-product-compliance
Lightning Source LLC
Chambersburg PA
CBHW051317050726
47595CB00008B/3593